DANIEL BUINAC

Kratko podsećanje na nit

Globland Books

2014.

ISBN 978-0-9569634-9-9

Drugo izdanje.

Prvo izdanje:
Književna Omladina Srbije, 1995.

Copyright 2014 Daniel Buinac

Sadržaj

Platneno pojilo

Klasika 7
kad otvorim oči 8
pobeda 9
predgrađe 10
strah 11
zaboravljeni stih 12
umor 13
sumrak 14
mrak u sobi 15
(užasnut prazninom) 16
peti ugao 17
slepilo 18

Noć na iglama

bez uvoda 20
pod korom 21
tek kad odem 22
glad 23
put u š 24
perem horizont 25
tragovi 26
meso 27
povratak iz španije 28
gro 29
oprez 30
dlan 31
pitaš me gde sam bio 32
o čežnji 33

detalj koji prodaje sliku 34
dan bez ptica 35
pitaš me kuda ću 36
plodovi 37
pre pokušaja 38
ono što zovemo vreme 39
skidam sve 40
idi i ne pitaj 41
izlaz 42
ispuštena slika 43
možda ponekad plav je kraj 44
i odgovor 45

Vešanje slike

Ležim 47
ludilo 48
teret 49
dilema 50
poleđina 51
Jezero 52
*** 53
*** 54
*** 55
moj kormilar naručuje pesmu 56
svodim te na prostor 57

Kratko podsećanje na nit

Platneno pojilo

Klasika

klasika.
kraljica bede.
siguran ples po žici i
paučina iznad krovova grada.
zeleni smo.
gospodarimo osećajima
i nepravedni smo.
ona je zdravija. misli.
mirisi na periferiji.
koraci. zajedno.
poslednjim vozom do praznine.
ruke. do kraja.

kad otvorim oči

kad otvorim
oči - urlik svetla.
tragovi sna
u pepelu noći.
očaj na liacu dana.
prozaične senke
pognutih glava
hodaju ulicama.
odsustvo smisla.
umoran ples misli
kroz maglu stvarnosti.
ostajem da žmurim.
umivene bukom,
boje postaju čistije.

pobeda

pred olovnim vratima
staklenog dvorca stojimo.
dok svest nepoverljivu
rukama ubeđujemo,
panično tresući glavama
dozivamo svoje oči.

potkupljiva je pouzdanost
čuvara sna,
ali naše ruke ne nude
ništa.

iscrpljen blizinom poraza,
ližem tvoje suze.

predgrađe

čoveku koji beži
ispao je šešir.
iz suncem razbijenog ogledala
juri ga divlji konj.
grč i pena.
u čauri spokoj
i lepljiv mrak.
sat.

strah

trzajem razmičeš zavesu.
tamom odzvanja reč.
zaustavljam dah.
iz očiju progutane noći
pijem so.

zaboravljeni stih

udarcem vetra
odbačen od krošnje,
težinom blata
umoren i truo,
preplašen stvarnošću,
neizgovoren,
beleg na leđima vremena
krvari
pod noktom bludnice.

umor

tamom
uzavrela tišina.
u hotelskoj sobi
smrad boja velegrada.
konačan oblik bola.
na leđima.
leži kraj mene.
puši.
decembar između nas.
beo.
odbojan.
briše joj suze
hladnim prstima.
prekida tišinu
nezgrapnim poljupcima.
odnosi je.
lenj,
ne pomeram oči.

sumrak

osluškujem bes
okrnjenih senki,
nemoćan širim ruke,
osuđen čekam.
neporočna belina
nagriza topli san.
tragovi krvi
niču prazninom.
u nedostatku reči
dlanovima nudim oči.
smeju se.

mrak u sobi

iz dubine muzike
bezlična masa krika.
iza prozora
oči zarobljenog sveta.
miris samoće.
deo večnosti
u prašini ispod kreveta.
izgubljene godine.
znoj.
završne scene
ukradene role.
strpljivost paukova
do spuštanja zavese.
mir
već ispletenih mreža.

(užasnut prazninom)

raskošna slika surovog motiva.
plišani san umirućeg vetra.
u izmaglici
kretanje ka centru.
prevaren kraj.
nasuprot jedno drugom.
naizgled tu.

peti ugao

u potrazi za petim uglom,
u pustinji na kuga konju,
ko umoren, bez niti pauk,
u poslednjem neuspešnom lovu.
pred smrt.

slepilo

pozajmljenim rečima
guram vazduh ispred usta.
gledaju me.
začuđeni,
uzaludno iščekuju.
izlazim u osmeh,
a zaranjam duboko u sebe.
u rečima oznojeni suton.
ruka na ramenu...
privid utehe
i udarac stvarnosti.
stran,
pokušavam da odem.

Noć na iglama

bez uvoda

pod kojim će me kamenom
u potrazi za mamcem
pronaći dečak sa crnim pod noktima
devojka leđima okrenuta mesecu
sa ustima ribe

pod korom

sveća na sredini sobe
vosak po uglovima
u nepristojnom zagrljaju
sa paučinom
tvrd od piva
da trčim
da ne čujem

tek kad odem

zamiriše lipa
san o soli
iz oblaka med
ponoćni ko melem vetar
zeleno u grlu slutnje
tek kad odem
progutaću

glad

bonaca
kolevka vetra
u ustima jedro baca senku
na potrebu za motivom

put u š.

ustiju škrtijih od škrga bure
svilom za stub pomrčine vezane
sirene daleko od mora
na putu za š.
slep kao i juče osluškujem
šume

perem horizont

dok ga glad hrani
vapaj iz očiju sa kišom
odlazi niz ulicu
pijan je
i naslonili su ga na drvo
da bi prošao tramvaj

tragovi

odškrinuta vrata umor pomera
i pogled beži u mrak
prsti ispuštaju nit
a igla u srcu završava
psi i sat

meso

pomalo zelen
hladne su ruke verne
nestalom glasu žege
pomalo svoj
dok čekam
pokušaj to sa rečima

povratak iz španije

ostaće samo nužan pokret
prilagođen vetru
trzaj
u mislima mraz je nežniji
vreme kao vuna
i smeh na tane

gro

prazno polje
upiši
vreme - beleg pod krilom
upiši
pokradeno gnezdo – svest

oprez

ne kaplje voda iz svake česme
tri puta dnevno ponavljam
i još je tiho
ali svejedno ne verujem

dlan

ispuštena prazna soba
kao čaša koju čeka mermer
prozor
samoće različitih oblika
svezanih krila
gube kontrolu nad svojim čulima

pitaš me gde sam bio

krotio sam konje
kraj zaboravne reke
četiri crna i mnogo više belih
kiša mi je raskrvarila obraz
ali ko si ti uostalom
da me pitaš za rezultat

o čežnji

ti si riba sa zelenom utrobom
i rogovima do rusije
što se plaši orahovog lista
jer donosi zaborav
(odnosi smrad)

detalj koji prodaje sliku

muk linije reči iz ogledala
mir zaleđenog sukoba
skupljanja
odvajanja
kape

dan bez ptica

na žici (ispred prozora sobe)
što je za jednu dimenziju
bogatija od života
čučim i rukama održavam ravnotežu

pitaš me kuda ću

vozovi u mom oku
i bez perja neke ptice
što sanjaju nebo
sanjaju nebo
a glavu u pesku drže

plodovi

vetra talasi
zeleni do crva rupe
a zreli u ustima noći
plamena ples
nevini žurimo
gladni jeseni kraja

pre pokušaja

korak koji će pokisnuti
i debeli vozovi
što odlaze na vreme
i vremenom debljaju

ono što zovemo vreme

meso među zubima
zaostalo od bezimenog zalogaja
da odvlači pažnju
cena za okus

skidam sve

i hodam go po tuđim ulicama
deleći ih na pola
po čudnom kriterijumu zavesa
i ne plašim se razumevanja
iz autobusa
u kom me oblače
iz ustiju im viri doručak
i pune su im oči moje golotinje

idi i ne pitaj

i kad ga pitaš
mrav bez polovine tela
ne ispušta slamku iz čeljusti
možda u njoj utehu vidi
možda da umanji bol
možda da izbegne odgovor

izlaz

slep kao možda
trezan kao krug
ne znam na koju stranu
da bih ostao tu

ispuštena slika

zgarište vremena
miris dragih reči rastanka
tišina duha
pozadine
okviri

možda ponekad plav je kraj

staneš
svet te ćuti
tvoj pogled bačen
slušaj
čekajući zeleno
slušaj

i odgovor

kao igla u temelju kuće
pamtite moje oči
kad prvi put udahnem
vodu

Vešanje slike

Ležim

Ležim pred tvojim
baštenskim vratima
Virim iza stubova postojanja
Osluškujem kroz brade
nakostrešenih jutara
Ložim snove
Grejem nemir:
čime to pojiš konje
sudbino

ludilo

Govoriš:
samo je nevešto
iskreno
i uvlačiš se u moje zidove kao vlaga
plaziš po mojim slikama
jezikom razmazuješ boje
očima kidaš okvire
ostavljaš miris u zavesama
nokte u mojim prvim platnma
kosu u najboljim kistovima
Govoriš:
samo je mrlja poezija

teret

Sašiveni pejzaž sreće
i žedno platno
u istoj sobi
(to si)
Teret osvrtanja pretpostavljam
ili loš potez na licu
drhtave ruke
i oznojenih boja

dilema

Da li je vredna truda
zagrebana noć
plavi stihovi
iščekivanje
Šta će mi reći plamen
(žice
grane
i žuti kljun
gladan)
Da li je vredan odgovora
onaj što ga ne zna
slutiti

poleđina

Kako si samo istupela svetlo
i sašila nesklad
te jedine večeri
Kako si kupila poglede
govoreći bluz
krijući zadnje misli
gluma za kritičare
Kako si samo vređala moje prisustvo
golim ramenima
bestidnom voljom
za pobedom
razuzdanim smehom
Kako si popila slavu
iz otvorenih usta
muka i neodlučnosti

Jezero

Jezero
veće od mene
dišemo
Pomisao na dubinu
podrum je prošlosti
Mulj u ušima
ne čuje se tvoja kosa

***

Meki rogovi pitomog jelena
i kameno jutro
sudara sa istinom
muk oka
kopito
nozdrve
i drvo što ožiljke čeka
Ne treba mi večeras
rosa u stima
ko će riku da čuje
Meki snovi pitomog čoveka

***

Videćeš
kad se ugase svetla
Znaćeš
kad se ohlade pijane daske
i svi ti tuđi ljudi
Za koga
a o kome pevaš

***

Ovo ti poklanjam
sedlo
i mamuze
tri para stihova
sa ponešto razloga za beg
i nadu
Zgrabi kad ti se daje
vetar
prašina i smeh
Rže li to sećanje ili horizont

moj kormilar naručuje pesmu

O tamnoputim devojkama
i strpljenju - potpalublju
strasti
More ko zavežljaj
na ramenu njegovog zanosa
(do obale)

svodim te na prostor

tu negde
tu nekad
Vidiš
kad hoću
gde hoću

www.ingramcontent.com/pod-product-compliance
Lightning Source LLC
Chambersburg PA
CBHW020628300426
44112CB00010B/1238